# MUSIK INSTRUMENTE selber machen

## Pfiffige Bastelideen für Kinder

Nicoletta Romanelli



Man nehme

baue daraus

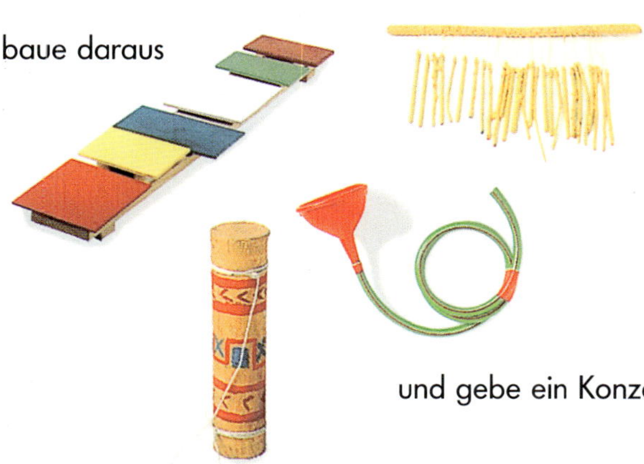

lade ein paar Freunde ein

und gebe ein Konzert.

***Für Erica, Filippo, Francesca, Lara, Marina und Matteo, die mit Begeisterung bei der Entstehung dieses Büchleins mitgewirkt haben.***

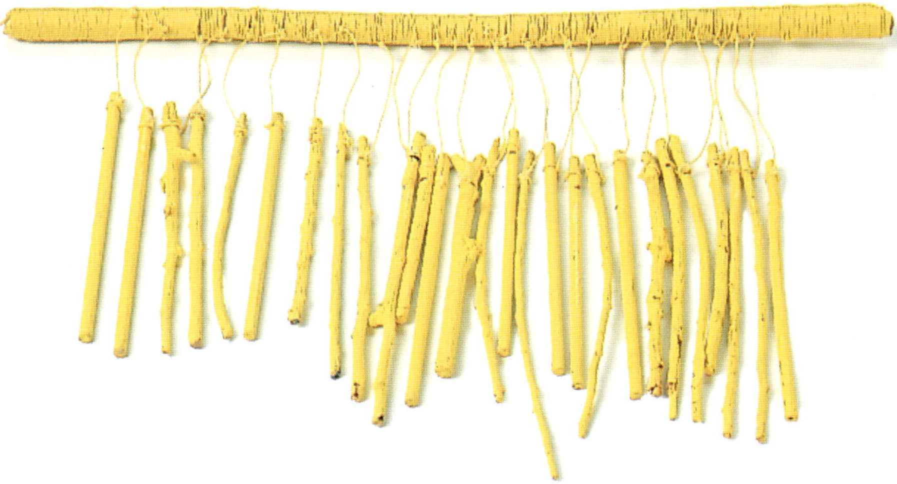

Originaltitel: GLI INSTRUMENTI MUSICALI
Originalverlag: R.C.S. Libri S.p.A., Mailand

Deutsche Erstausgabe



Fotografien: Alberto Bertoldi und Mario Matteucci
Grafische Gestaltung: Paola Masera und Amelia Verga
Bearbeitung der deutschen Ausgabe:
Maasburg GmbH, München
Einbandgestaltung: Georg Lehmacher, Friedberg (Bay.)
Gesamtherstellung: Euro Litho
Printed in Italy
ISBN 3-8289-5960-1

# INHALT

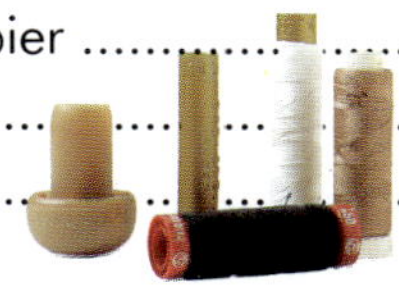



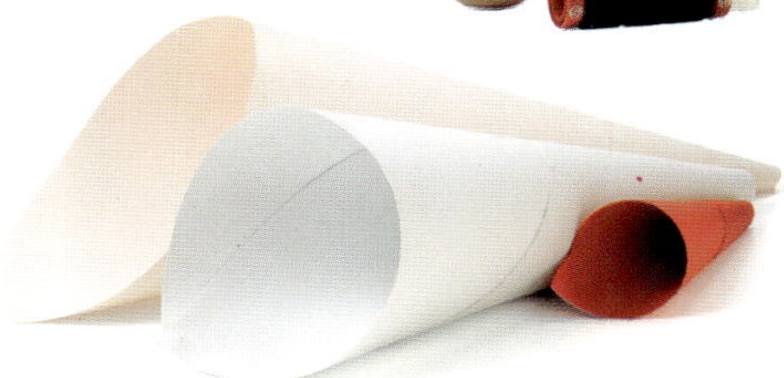

# MUSIK AUS DER NATUR

**M**usikinstrumente kann man selbst bauen, und zwar aus ganz alltäglichen Materialien. Wer sich umsieht, findet rasch heraus, dass die Natur uns tausend Anregungen und eine Menge Rohmaterial für die Erzeugung von Tönen liefert. Ein hohler Kürbis lässt sich mit Hilfe eines Stockes, eine Muschel durch Hineinblasen, zwei Steine lassen sich durch Aneinanderreiben oder -schlagen zum Klingen bringen. Auch mit deiner Stimme, durch Händeklatschen oder Stampfen mit den Füßen kannst du Musik machen.

# BAUMATERIAL UND WERKZEUG

**B**ei der Anfertigung sämtlicher in diesem Büchlein abgebildeten Musikinstrumente werden sich die Materialien und Werkzeuge auf dieser Doppelseite nützlich erweisen. Lass dir beim Hantieren mit den scharfen und spitzen Werkzeugen am besten von Erwachsenen helfen!

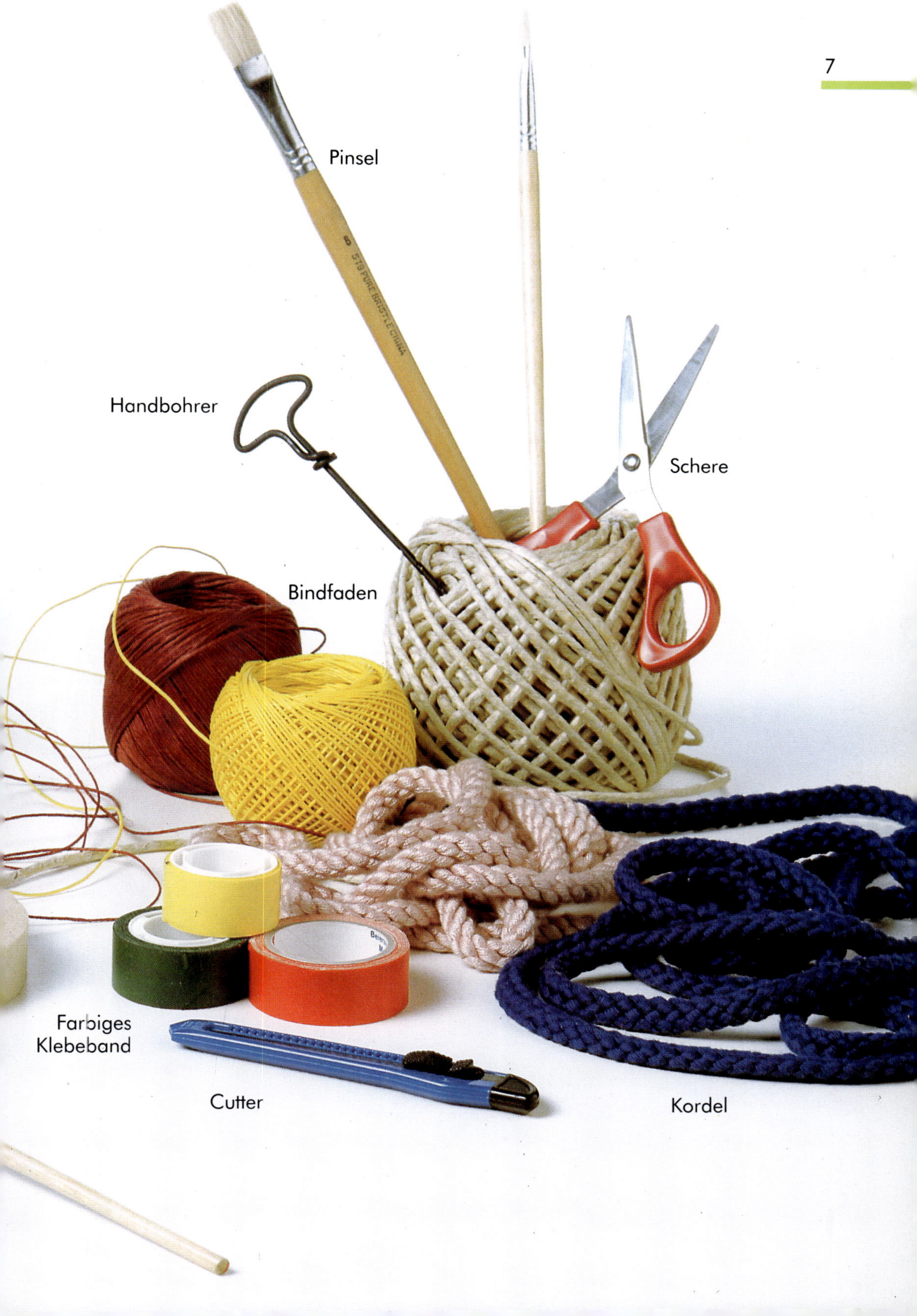
Pinsel
Handbohrer
Schere
Bindfaden
Farbiges
Klebeband
Cutter
Kordel

# SCHLAG

# INSTRUMENTE

Schlaginstrumente heißen so, weil man sie schlagen, schütteln oder reiben muss, um ihnen Töne zu entlocken. Zu dieser Gruppe der Musikinstrumente gehören die Trommeln, Pauken, Xylophone, Rasseln, Klappern usw. – alles, was sich durch Schlagen zum Klingen bringen lässt. Mit ein wenig Fantasie kannst du selbst neue Schlaginstrumente „erfinden“.

# SCHLEGEL UND KLÖPPEL

**D**amit ein Schlaginstrument in Schwingung gerät, muss es angeschlagen werden: mit einem Stab aus Holz oder Metall, mit einem Klöppel usw. Aber auch deine Hände eignen sich hervorragend als Trommelschlegel!

**S**chlegel und Klöppel kann man ganz leicht selbst herstellen, indem man Löffel oder Stäbe aus Holz oder Metall mit Wolle, Watte oder ähnlichem schalldämpfendem Material umwickelt. Hier sind einige solche selbst gebastelte Exemplare abgebildet: Die Kochlöffel aus Holz wurden mit mehreren Lagen Wollfaden in hübschen Farben umwickelt, wobei die Lagen mit kleinen Tropfen Bastelkleber fixiert wurden. Auf der Spitze der Stricknadel ist ein Flaschenkorken; das kleine Loch in der Mitte des Korkens bohrt man am besten mit dem Handbohrer vor, dann lässt sich die Stricknadel hineinstecken.

# TROMMEL



## Du brauchst dafür:

zylinderförmige Blechdose
Gummituch
Schere
Handbohrer
Bindfaden
farbiges Klebeband

Jeder zylindrisch geformte Behälter eignet sich für den Bau deiner Trommel: Blechdosen oder -kanister verschiedener Größen, Tontöpfe, aber auch Behälter aus Holz oder Schachteln aus sehr hartem Karton.

Trommeln kannst du entweder mit den Händen oder mit selbst gebastelten Schlegeln. Wenn du lieber leisere Töne magst, nimm mit Wolle oder Watte umwickelte Klöppel. Und bedenke: Je größer der Behälter, den du als Schallkörper verwendest, desto dumpfer und tiefer klingt die Trommel.

1 Verziere die Blechdose mit Klebeband in deinen Lieblingsfarben.

2 Schneide aus dem Gummituch zwei Kreise aus, deren Durchmesser etwas größer ist als der Dosendurchmesser.

3 Bohre mit dem Handbohrer Löcher in den Rand des Gummikreises und lass dir dabei von einem Erwachsenen helfen.

4 Ziehe den Bindfaden abwechselnd durch ein Loch des oberen und des unteren Gummikreises.

# XYLOPHON



## Du brauchst dafür:

Holzleisten
Holz für den Rahmen
Schaumgummi
kleine Säge
Bastelkleber
bunte Bastelfarben
Pinsel

**D**as Xylophon besteht aus unterschiedlich langen Holzstäben, die verschieden hohe Töne hervorbringen, wenn sie angeschlagen werden.

**A**uf dem fertigen Xylophon kannst du ganz gut mit zwei Kochlöffeln spielen.

**1** Zersäge eine Holzleiste in verschieden lange Stäbe und lass dir dabei von Erwachsenen helfen.

**2** Bemale die Stäbe mit den Bastelfarben und lass sie gut trocknen.

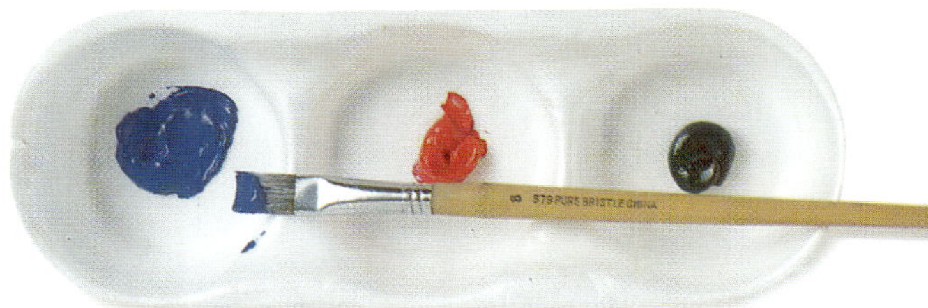

**3** Schneide aus dem Schaumgummi kleine Quadrate aus und klebe sie auf den Rahmen.

**4** Klebe die Holzstäbe auf die Schaumstoffquadrate.

# XYLOPHON AUS GLÄSERN

### Du brauchst dafür:

große und kleine Flaschen
Gläser, am besten Kelchgläser

Besonders hübsch klingt es, wenn Kelchgläser unterschiedlicher Form und Höhe, ja sogar aus verschiedenen Materialien, mit einem Stab oder Kochlöffel leicht angeschlagen werden. Mit einem kräftigeren Stab kann man eine Reihe verschieden geformter Flaschen zum Klingen bringen.

Noch lustiger wird das Musizieren, wenn du die Gläser mit unterschiedlichen Wassermengen anfüllst.

# GEIGE AUS GLÄSERN



## Du brauchst dafür:

mehrere Kelchgläser verschiedener Formen und Größen sowie aus verschiedenen Materialien
Schneidbrett
Bastelkleber
Pinsel
Wasser
Geigenbogen oder Holzlöffel

Die Geige aus Gläsern stellt eine Variante des auf S. 16/17 gezeigten Instruments dar. Suche mit deiner Mutter ein paar Kelchgläser zusammen, die nicht mehr verwendet werden. Am besten eignen sich Stielgläser in verschiedenen Formen und Größen.

**1** Klebe die Gläser auf eine Unterlage aus Holz (ein Schneidbrett tut es auch), fülle sie mit unterschiedlichen Wassermengen (bitte den Rand dabei gründlich befeuchten) ... und streiche sie nun mit einem Bogen, geradeso wie eine Geige, oder bringe sie durch behutsames Anschlagen mit einem Klöppel zum Klingen.

# FLIESEN-XYLOPHON

## Du brauchst dafür:

Fliesen
Holz für das Gestell
Schaumgummi
Pinsel
Bastelfarben
Bastelkleber
Schere
zwei Klöppel

**D**ieses Xylophon wird ausschließlich aus Fliesen gebaut. Du brauchst dafür verschieden geformte und verschieden dicke Fliesen. Gespielt wird auf diesem Instrument mit einem weichen Schlegel.

1 Bemale verschieden große Fliesen mit Bastelfarben.

2 Auf zwei Holzleisten, die das Traggestell bilden, werden nun so viele Schaumgummistreifen aufgeklebt, wie Fliesen vorgesehen sind.

3 Klebe nun die Fliesen, sobald die Farbe getrocknet ist, auf die Schaumgummistreifen.

# GLOCKEN AUS TON



## DU BRAUCHST DAFÜR:

Blumentöpfe
Besenstiel aus Holz
dicke Schnur oder Kordel
Bastelfarben
Pinsel
Schere
Klöppel

**M**it verschieden großen Blumentöpfen deiner Großmutter und mit einem oder zwei Klöppeln kannst du Musik machen wie mit richtigen Glocken.

**1** Bemale verschieden große Blumentöpfe mit dem Pinsel in bunten Farben.

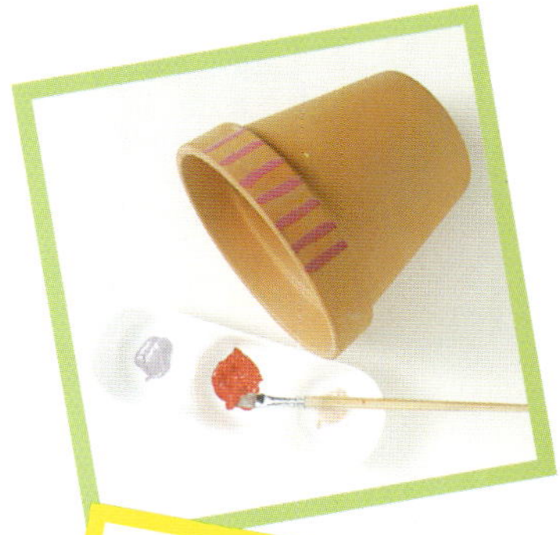

**2** Stecke von außen eine dicke Schnur oder eine Kordel durch die Öffnung in der Mitte des Bodens.

**3** Mach einen dicken Knoten in das Schnurende an der Innenseite jedes Blumentopfes.

**4** Hänge nun die Töpfe am Besenstiel auf, wie es auf dem Bild gezeigt wird.

**S**tatt der Blumentöpfe eignen sich auch Backformen oder -förmchen aus Ton. Man kann sie fertig kaufen oder selbst töpfern.

# HÄNGENDE DECKEL

## DU BRAUCHST DAFÜR:

Topfdeckel
Besenstiel aus Holz
dicke, farbige Schnur oder
Kordel
Schere
Klöppel

**1** Schlinge ein Stück dicke Schnur oder Kordel um den Griff jedes einzelnen Topfdeckels.

**2** Binde die Topfdeckel mit dem freien Ende der Schnur am Besenstiel fest.

**W**as du für dieses ziemlich laute Musikinstrument brauchst, findest du in der Küche im Topfschrank. Suche ein paar Deckel in verschiedenen Größen zusammen und bedenke dabei, daß der Klang mit zunehmender Größe immer tiefer wird. Zum Schlagen der Topfdeckel kannst du Kochlöffel aus Holz verwenden.

# RASSELN AUS PAPPE

Bei Rasseln (zum Beispiel den Rumba-Rasseln Mittelamerikas) werden die Töne nicht durch Anschlagen, sondern durch Schütteln des Instruments im gewünschten Rhythmus erzeugt.

## Du brauchst dafür:

Papp- oder Plastikbecher
getrocknete Erbsen, Linsen oder Bohnen
Bastelkleber
Pinsel
Bastelfarben

**1** Nimm zwei gleich große Pappbecher und fülle einen davon mit dem getrockneten Gemüse.

**2** Streiche mit einem sauberen Pinsel den Bastelkleber dünn auf den Rand beider Becher.

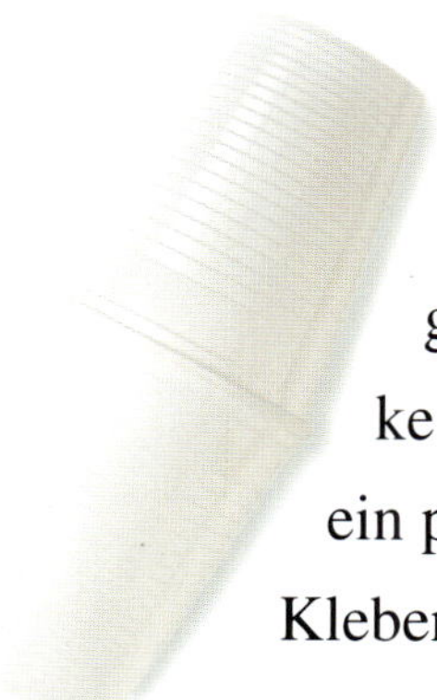

**3** Lege nun die beiden Becherränder genau aufeinander, drükke sie leicht fest und warte ein paar Minuten, bis der Kleber getrocknet ist.

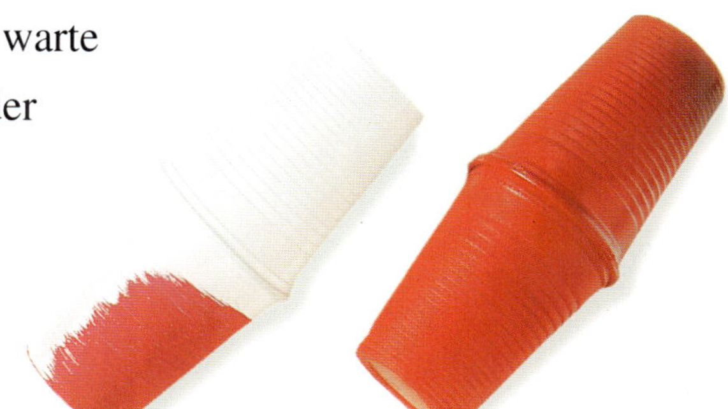

**4** Bemale die Rassel mit deiner Lieblingsfarbe.

# SÜDSEE-RASSELN

## Du brauchst dafür:

verschieden lange Kartonrollen
Trockenbohnen und -erbsen,
Samen oder kleine Muscheln
Klebeband aus Papier
Pinsel
Bastelfarben
Schere

Damit deine „Rasselbande" als richtiges Orchester auftreten kann, brauchst du für jede Rassel einen Spieler und außerdem einen Dirigenten, der die Einsätze und die Richtung anzeigt, in die die Rollen bewegt werden sollen.
Alle Musiker stellen sich in einer Reihe vor dem Dirigenten auf. Dann geht es los damit, daß alle Rollen nach rechts geschwenkt werden, danach nach links: Der Klangeffekt der Samen, die an den Wänden der Kartonrollen herunterrieseln, erinnert an Meereswellen, die sich am Strand brechen.

1 Suche ein paar Kartonrollen in verschiedenen Größen.

2 Fülle in jede Rolle eine Handvoll Samen, Trockengemüse, Muscheln oder Steinchen.

3 Schneide aus Karton zu jeder Rolle zwei passende Deckelkreise aus und klebe beide Enden jeder Rolle mit je einem dieser Deckel und mit Papierklebeband zu.

4 Bemale die Rollen mit Bastelfarben.

# MUSCHELN



## Du brauchst dafür:

viele Muscheln
einen Blumenstab
farbigen Bindfaden
Schere
Handbohrer

**M**öchtest du lieber eine Klapper aus mehreren an einem Stab hängenden Muschelketten basteln, die du mit den Fingern spielst, oder aber eine einzige lange, richtige Muschelkette, die viel lauter klappert, wenn du sie kräftig schüttelst?

**1** Bohre mit Hilfe eines Erwachsenen in jede Muschel ein kleines Loch oder decke dich mit bereits gelochten Muscheln ein.

**2** Fädle die Muscheln auf einen farbigen Bindfaden auf. Aber gib dabei gut acht – sie brechen nämlich leicht!

**3** Binde nun die Muschelketten so an einem Holzgestell oder Bambusstab fest, dass sie frei herabhängen.

Die Klapper aus mehreren Muschelketten lässt sich leichter halten und bewegen, wenn du einen zusätzlichen farbigen Bindfaden daran befestigst.

# HOLZKLAPPER



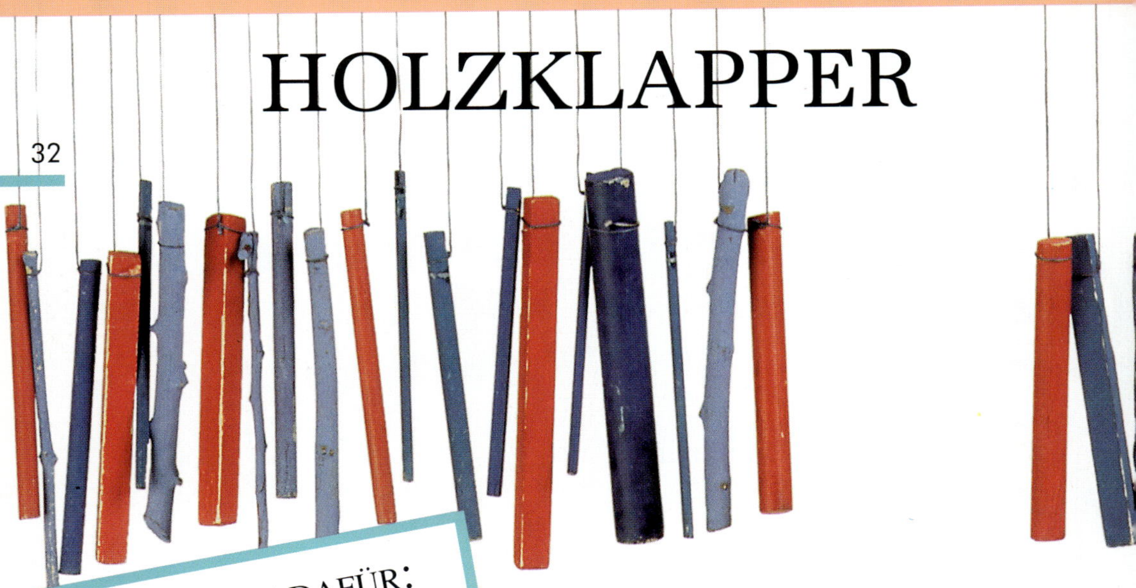

## DU BRAUCHST DAFÜR:

einen langen Holzstab
verschieden dicke, runde Holz- oder Bambusstückchen
Bastelfarben
Pinsel
Bastelkleber und Schere
dünnen Bindfaden

**S**treiche mit der Hand oder mit einem dünnen Holzstäbchen über die Hölzer, um sie zum Klingen zu bringen.

1 Sammle verschieden dicke Holzstäbchen oder lass dir von einem Erwachsenen beim Zuschneiden von mehreren Stücken Rundholz helfen.

2 Bemale die Holzstücke mit Bastelfarbe in den Farbtönen, die du am liebsten magst.

3 Binde an jedem Holzstück ein Stück Bindfaden fest.

4 Trage mit dem Pinsel einen Tropfen Kleber knapp neben dem Knoten des Bindfadens auf, damit das Hölzchen nicht herausrutschen kann.

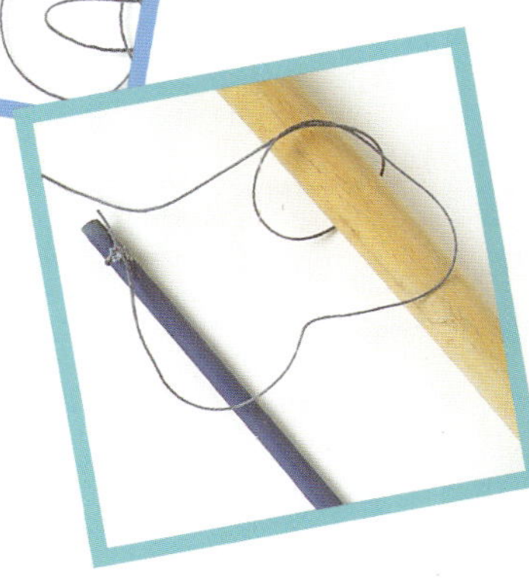

5 Befestige nun alle Holzstückchen mit einem Knoten am langen Holzstab. Verziere das Instrument mit Bändern, Federn oder Kordeln.

# MUSIK MACHEN WIE IN DER STEINZEIT

## DU BRAUCHST DAFÜR:

rund geschliffene Kieselsteine mit einem Loch darin
Bindfaden
Schere
Holz- oder Bambusstab

**S**ammle in einem Bachbett oder am Strand Kieselsteine mit einem Loch darin. Fädle sie auf dem Bindfaden auf und befestige beide Schnurenden am Stab, wie das Bild zeigt. Wenn du nun den Stab kräftig schüttelst, klingt das genauso wie die Musik, die unsere Vorfahren schon in der Steinzeit machten.

**1** Suche nach Steinen mit einem Loch darin – am besten ziemlich flache.

**2** Fädle den Bindfaden durch die Löcher, so dass die Steine eine Kette bilden.

**3** Befestige beide Enden der Steinkette mit je einem festen Knoten am Holzstab.

# KLINGENDE SCHELLEN

## Du brauchst dafür:

viele kleine Schellen
Bindfaden
Lederriemen
Schere

**B**inde dir die Schellenketten an die Hand- und Fußgelenke und schüttle sie kräftig. Die Fußketten erzeugen einen doppelten Klangeffekt: durch das Stampfen der Füße auf dem Boden und durch das Bimmeln der Schellen.

**W**enn du möchtest, daß das Gebimmel lauter klingt, dann nimm einfach mehrere Reihen Schellen.

**1** Besorge dir verschiedene Arten von Schellen, die es in Haushaltsgeschäften oder Tierhandlungen zu kaufen gibt.

**2** Fädle die Schellen auf ein Stück Bindfaden oder Lederriemen zur Kette auf.

**3** Binde jede Schelle mit einem Knoten fest.

**4** Binde dir die Schellenkette um das Handgelenk oder um den Knöchel. Lass dir dabei helfen und pass auf, daß die Kette dich nicht einschnürt!

# MUSIKHANDSCHUH

DU BRAUCHST DAFÜR:

ein Paar Fingerlinge aus Wolle
bunte Knöpfe
Nadel und Faden
Schere

**H**andschuhe sind nicht nur zum Warmhalten der Hände da. Mit dem hier beschriebenen Musikhandschuh kannst du Töne erzeugen, die so ähnlich klingen wie das Plätschern des Regens. Trommle mit der Hand sachte auf die Tischplatte, dann hörst du es.

**1** Krame große und kleine Knöpfe zusammen und lass sie dir von deiner Mami auf die Innenfläche des Handschuhs nähen.

# RASCHELNDE BLÄTTER

## DU BRAUCHST DAFÜR:

getrocknete Magnolienblätter
Bambusstab
Bindfaden
Schere

**D**ie Natur ist unser Vorbild auch für diese Art, Töne zu erzeugen: Sammle in einem Park oder im Garten der Großeltern ein paar große, feste Blätter (besonders geeignet sind Magnolienblätter) und lass sie ein paar Tage lang trocknen.

**1** Umwickle die Blattstielenden mit einem dünnen Bindfaden.

**2** Knüpfe nun die Blätter an Schnüre und diese an den Stab.

# BLASINSTRUMENTE



**M**usikinstrumente dieser Gruppe werden durch den Atem des Spielers oder durchströmende Luft in Schwingungen versetzt und so zum Klingen gebracht. Hierher gehören alle Arten von Flöten, Pfeifen, Schläuchen sowie die Megaphone, die auf den nächsten Seiten vorgestellt werden.

# PFEIFEN

**D**u hast sicher schon einmal ausprobiert, dass man auf großen und kleinen Flaschen herrlich pfeifen kann. Lege einfach die Unterlippe an den Rand der Öffnung und blase kräftig hinein.

**P**feifen kannst du auch auf leeren Zwirnspulen oder kleinen Vasen.

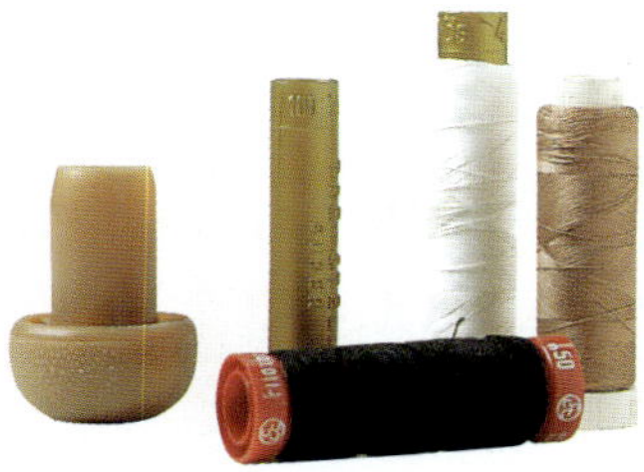

# MEGAPHONE AUS PAPIER

## Du brauchst dafür:

Bastelkarton
Schere
Bastelkleber
Pinsel

**1** Biege das Kartonblatt rund, so dass es eine Tüte formt.

**2** Verstreiche einen Tropfen Kleber mit dem Pinsel auf der Außenkante und klebe sie fest.

**A**uch deine Stimme ist ein Musikinstrument, bei dem die Atemluft aus dem Brustkorb, der dann als Resonanzkasten dient, die Stimmbänder in Schwingung versetzt und so Töne erzeugt. Du kannst dieses Musikinstrument, das die Natur dir mitgegeben hat, zusätzlich – zum Beispiel mit diesem Megaphon – verstärken und seinen Klang verändern.

# TÖNENDE SCHLÄUCHE

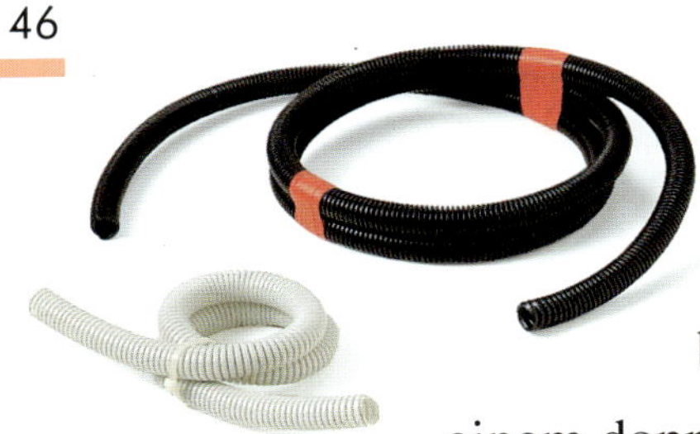

1 Besorge dir einen etwa 120 cm langen biegsamen Gummischlauch, wickle ihn zu einem doppelten Ring und lass die Enden nach außen abstehen.

2 Umwickle den Schlauch in der Mitte der Windungen mit Klebeband.

Diese Urform des Horns wird gespielt, indem man direkt in den Schlauch bläst.

Die hier abgebildeten Schlauchhörner sind einfach zu basteln und klingen ähnlich wie richtige Hörner.

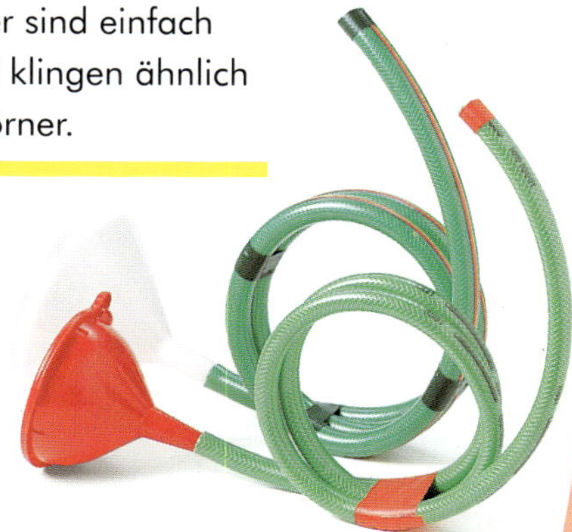

## Du brauchst dafür:

- biegsamen Gummi- oder Plastikschlauch
- Trichter
- Klebeband in bunten Farben
- Schere

**1** Besorge dir ein Stück Gummi- oder Plastikschlauch. Wickle den Schlauch doppelt auf und fixiere die Windungen mit Klebeband. Befestige einen Trichter auf einem der Schlauchenden.

Dieses Instrument wirkt wie ein Lautsprecher und Tuner deiner Stimme. Wenn du hineinflüsterst, -sprichst oder -schreist, hört man dich sogar noch von weitem.

# PANFLÖTE



## Du brauchst dafür:

Trinkhalme
farbiges Klebeband
Bastelkleber
Schere

**P**an war ein Gott der alten Griechen und wurde meist mit seiner Flöte dargestellt, die aus verschieden langen Bambusröhren bestand. Die hier abgebildete Panflöte ist eine moderne Form, bei der die Bambusröhren durch dicke Trinkhalme ersetzt wurden.

**1** Lass dir von einem Erwachsenen helfen, wenn du die Trinkhalme in verschieden lange Stücke schneidest.

**2** Klebe das untere Ende der Halme mit einem Tropfen Kleber zu.

**3** Klebe dann die Halme mit wenig Kleber aneinander und lass alles gut trocknen.

**4** Befestige die Halme zusätzlich mit Klebeband, und schon ist deine Panflöte fertig!

# SAITEN-INSTRUMENTE

Zu dieser Gruppe gehören alle Musikinstrumente, die dadurch Töne hervorbringen, dass ihre Saiten von einem Musikanten in Schwingung versetzt werden. Klassische Saiteninstrumente sind zum Beispiel die Geige und die Gitarre. Aber auch aus einem Blechkanister oder Eimer, über den Gummibänder als Saiten gespannt werden, kannst du im Eigenbau Saiteninstrumente herstellen, die diesem Namen alle Ehre machen.

# EIN EIMER ZUM MUSIZIEREN

## DU BRAUCHST DAFÜR:

Plastikeimer
lange Gummibänder
kleinen Handbohrer

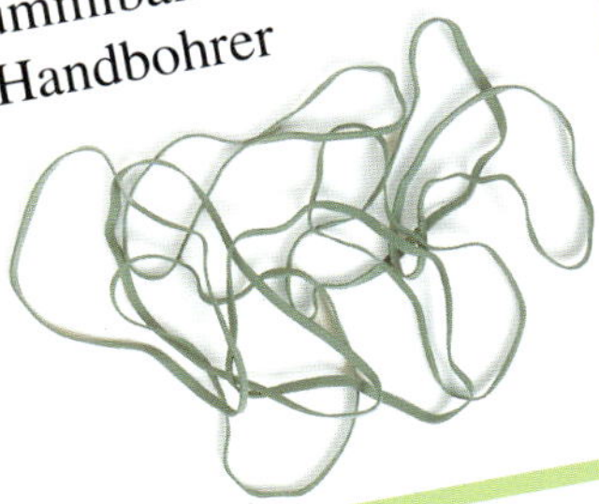

Du kannst die Gummibänder auch über ein Nudelsieb oder eine große Blechdose spannen.

Gespielt wird dieses Instrument einfach durch Zupfen mit den Fingern, mit einem Plättchen (Plektron) oder einer Münze.

Lauter klingen alle die hier vorgestellten Instrumente, wenn man sie auf eine feste Unterlage (am besten aus Holz) stellt.

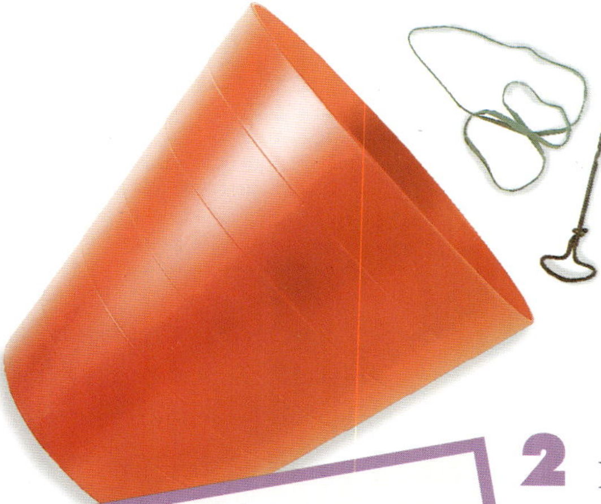

1 Hol dir einen Plastikeimer und mehrere kräftige Gummibänder.

2 Bitte einen Erwachsenen, ein paar kleine Löcher in den oberen Eimerrand zu bohren.

3 Zieh jedes Gummiband durch zwei gegenüberliegende Löcher und spanne sie mit Knoten an den Enden.

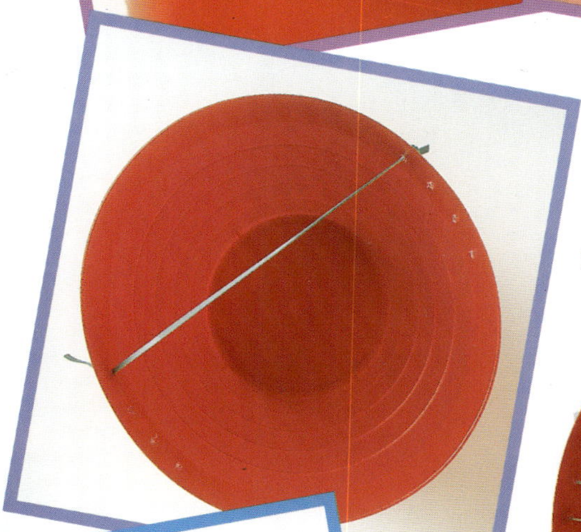

# KASTENZITHER



## Du brauchst dafür:

Holzbrettchen
Wirbel für Musikinstrumente oder Schraubnägel
Hammer
Holzleim
Holzlack
Pinsel
Gitarrensaiten
kleine Handsäge

**D**iese Zither stellst du auf den Tisch und spielst sie, indem du mit den Fingern oder einem Plektron die Saiten zupfst. Zum Stimmen mußt du die Wirbel mit einem Spezialschlüssel nachziehen oder lockern.

**D**ieses Musikinstrument ist zwar ein bisschen schwieriger zu bauen, doch dafür klingt es besonders schön.

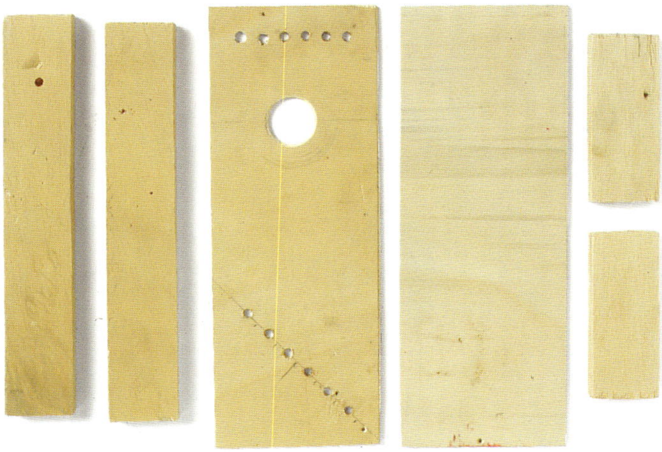

**1** Lass dir von einem Erwachsenen die sechs Brettchen auf folgende Maße zuschneiden: zweimal 11,5 x 30,5 cm (das eine Brett mit einem Loch in der Mitte), zweimal 30,5 x 5 cm und zweimal 11,5 x 5 cm.

**2** Die Brettchen werden mit dem Kleber so aneinandergeklebt, dass ein rechteckiger Kasten mit dem Loch in der Deckplatte entsteht.



**3** Lackiere den Kasten nun in deiner Lieblingsfarbe.

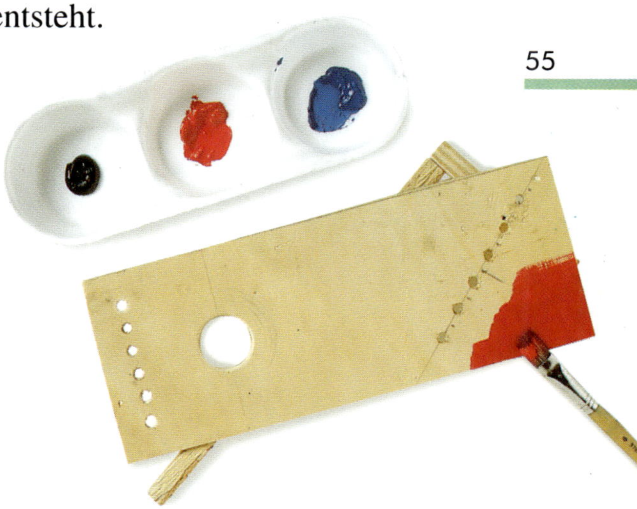

**4** Bringe auf der Oberseite die Wirbel an.

**5** Spann die Saiten mit den Wirbeln.

# EINSAITIGER KONTRABASS

## Du brauchst dafür:

Blechkanister, rund
Besenstiel
zwei große Schrauben
Hammer
Schraubenzieher oder Dosenöffner
Gummiband oder -faden
Schere
Pinsel und Farben

**D**ieses Instrument wird mit den Fingern gezupft, genauso wie die Bassgeige von den großen Jazzmusikern. Eine größere Vielfalt an Tönen erreichst du, wenn du mit der anderen Hand die Saite an verschiedenen Punkten gegen den Besenstiel drückst.

**1** Mach mit Hilfe eines Erwachsenen zwei Löcher in den Deckel des Blechkanisters: ein größeres für den Besenstiel, ein kleineres für den Gummifaden.

**2** Bemale den Besenstiel und den Kanister in fröhlichen Farben.

**3** Befestige die Schraube am Ende des Besenstiels und diesen im Kanister.

**4** Spanne nun den Gummifaden, indem du das eine Ende oben an der Schraube festbindest, das andere durch das kleinere Loch im Kanister ziehst und verknotest.

# ZWEI MÄRCHEN-HÖRSPIELE

Zu den Märchen, die auf den folgenden beiden Doppelseiten erzählt werden, gehören als Begleitmusik die Töne aller Musikinstrumente, die in diesem Buch beschrieben werden. Du wirst sicher viel Spaß haben, wenn du gemeinsam mit deinen Freunden oder Geschwistern herauszufinden versuchst, welche Instrumente zu den Texten die passende Musikuntermalung liefern können. Einer liest den Text laut vor, an den angegebenen Stellen macht er eine kleine Pause, und der Dirigent gibt den Einsatz für die Instrumente. So könnt ihr die hier erzählten Märchen – oder auch selbst erfundene neue Geschichten – wie ein Musikhörspiel vor den Eltern oder einem größeren Publikum aufführen.
Im ersten Märchenhörspiel namens „Zwei Regentropfen“ geben dir die Bilder Anregungen für die dazu passenden Töne. Du kannst also an den entsprechenden Stellen die Instrumente verwenden, die du abgebildet siehst.
Im zweiten Hörspiel, „Gretl und die Zaubergeige“ sind die Stellen für die Musikeinlagen einfach freigelassen (und mit Gedankenstrichen markiert): Hier entscheidest du selbst nach deinen eigenen Vorstellungen, welche Instrumente sich am besten für die Tonuntermalung der beschriebenen Szenen und der Handlung eignen. Schon nach wenigen Proben kannst du zu einer richtigen Theateraufführung einladen. Also Vorhang auf – und viel Vergnügen!

# ZWEI REGENTROPFEN

Es waren einmal zwei Regentropfen, die hießen Pling und Plong. Sie

sahen sich verblüffend ähnlich, aber Plong war etwas größer und daher auch lauter. Pling und Plong hatten ihr Regentropfenleben gründlich satt: Immer nur von Wasserhähnen heruntertropfen, im Märzregen gegen die Fensterscheiben prasseln – es war einfach langweilig.

Sie träumten von Reisen, von einem Leben in Flüssen, Wasserfällen, Wildbächen und – warum auch nicht? – im Meer. Also machten sie sich auf den Weg. Und ehe sie sich's

versahen, waren Pling und Plong in einem finsteren Wald, und der Wind pfiff durch die Büsche und Bäume.

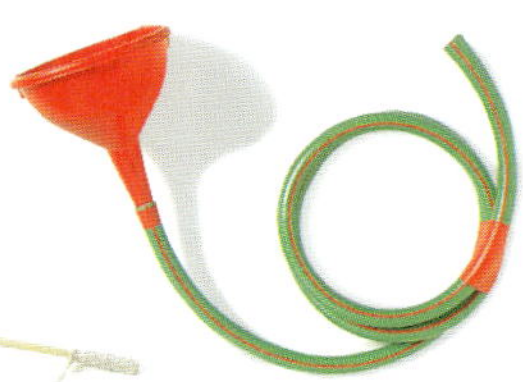

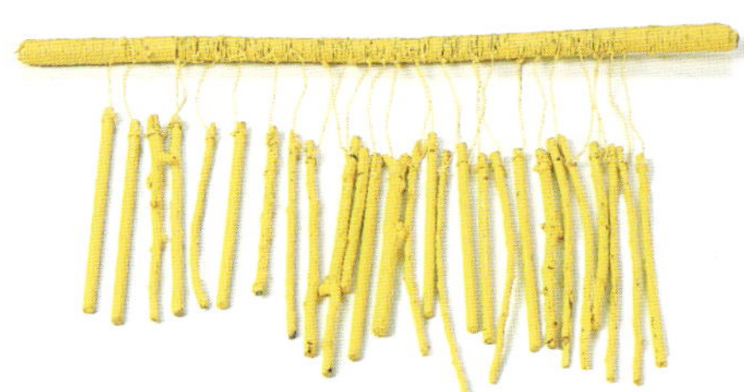

Das Knacken der Äste und das Rascheln des Laubes ließ sie erschaudern, das Heulen von Wölfen und das Brüllen wilder Tiere jagte ihnen Angst ein. Sie waren in ein furchtbares Unwetter geraten.

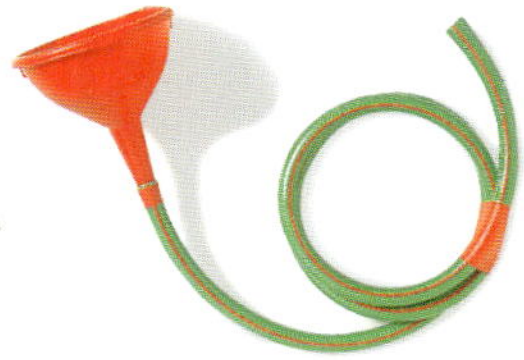

Was konnte es Schöneres geben als ein richtiges Gewitter? Doch da krachte ein Donnerschlag, so laut, dass die beiden Hals über Kopf davonrannten. „Plong, nichts wie weg von hier! Ich will nach Hause!“ rief Pling, und Plong schloss sich ihm an. Aber glücklich waren sie nicht: Wenn sie sich ansahen, kullerten ihnen die Tränen über die Wangen, denn sie hatten es nicht geschafft, ihren Traum zu verwirklichen.

Doch plötzlich hörten sie aus der Ferne ein leises Plätschern. Zuerst wollten sie ihren Ohren nicht trauen – doch als sie näher kamen, sahen sie es: das Meer! Das Tosen der Wellen, die sich am Ufer brachen, war Musik in ihren Ohren. Als Pling und Plong hineinsprangen, erfüllte sich endlich ihr Traum: eins zu werden mit den unzähligen Wassertropfen, aus denen das Meer besteht.

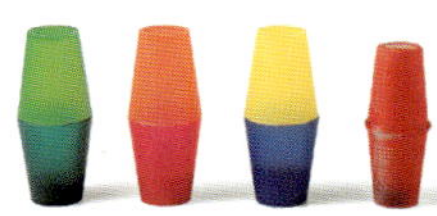

# GRETL UND DIE ZAUBERGEIGE

Es war einmal ein kleines Mädchen, das Gretl hieß und Geige spielte. Aber es war keine normale Geige, sondern ein Instrument, das wie eine Himmelsharfe klang ------- und außerdem eine Zaubergeige war. Ein richtiger Zauberer hatte sie Gretl als Dank für eine gute Tat gegeben mit den Worten: „Gretl, hör gut zu: Jedesmal, wenn du in Not gerätst, spiel auf dieser Geige! Sie wird dich vor allem Schaden bewahren!"

Nun war aber Gretl ein kleiner Naseweis und immer auf der Suche nach Abenteuern. Eines Tages begegnete ihr auf dem Weg ein Schimmel in vollem Galopp -------. Er rief ihr warnend zu: „Biege an der Kreuzung rechts ab! Der Weg geradeaus führt in den Wald, und dort ist es nicht geheuer!"

Aber Gretl war so neugierig darauf, was sich wohl im Wald verbarg, daß sie den Rat des Schimmels nicht befolgte. Ihr Herz klopfte ihr bis zum Hals --------, als sie im Wald das Heulen der Wölfe -------, das Knacken der morschen Äste -------, das Rascheln trockenen Laubes ------- und das schneidende Pfeifen des Windes ------- hörte. Doch auf einmal krachte es laut -------, und plötzlich stand eine alte

Hexe vor Gretl, die sie mit krächzender Stimme lockte: „Komm zu mir in meine Höhle, schönes Kind, da ist es gemütlich und warm!“ Da bekam es Gretl mit der Angst zu tun. Sie begann auf ihrer Zaubergeige zu spielen -------, und – siehe da – im Nu war die Hexe verschwunden, und es wurde ganz still im Wald.

Schnell kehrte Gretl um und lief auf den rechten Weg zurück. Doch schon bald hörte sie ein mächtiges Brausen --------. Was konnte das bloß sein? -------

Denk dir selbst eine spannende Fortsetzung der Geschichte aus, erfinde neue Figuren und neue Abenteuer dazu und untermale sie passend mit den Klängen der selbst gebauten Instrumente.

# EIN PAAR BEGRIFFE



In diesem Buch kommen ein paar Begriffe vor, die dir vielleicht noch nicht vertraut sind. Hier findest du sie erklärt.

SCHLAGINSTRUMENTE: Hierher gehört alles, was mit den Händen oder mit Schlegeln und Klöppeln durch Anschlagen zum Klingen gebracht wird.

BLASINSTRUMENTE: Alle Instrumente dieser Gruppe brauchen Luft, die in Schwingungen versetzt wird, um Töne zu erzeugen – zum Beispiel die Atemluft von den Lippen eines Flötenspielers.

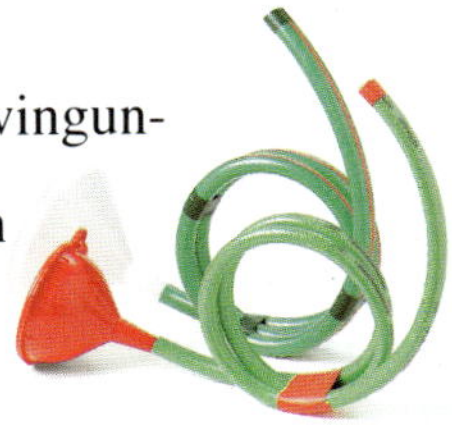

SAITENINSTRUMENTE: Wie ihr Name sagt, entstehen die Töne hier dadurch, dass Saiten zum Schwingen gebracht werden.

SCHLEGEL UND KLÖPPEL: So bezeichnet man Stöcke, Hämmerchen und sonstige Gegenstände, mit denen man Schlaginstrumente wie Trommel, Xylophon usw. anschlägt und so Töne erzeugt.

RESONANZKÖRPER: Der Teil des Musikinstruments, der als „Verstärker“ wirkt, also die von den Saiten, der gespannten Membran oder den Luftschwingungen erzeugten Töne lauter macht.

DIRIGENT: So nennt man den Leiter eines Orchesters oder Chores. Der Dirigent zeigt den Musikern die Einsätze (wann sie einsetzen oder aufhören sollen), das Tempo (also die Geschwindigkeit) und die Ausführung (wie man ein Musikstück spielen muss) mit Handbewegungen an.

PLEKTRON: das ovale oder dreieckige Plättchen aus Elfenbein, Schildpatt, Metall oder Plastik, mit dem bei einigen Instrumenten wie der Gitarre, der Mandoline und der Kastenzither die Saiten gezupft oder angerissen werden.